Olles skitocht

Een prentenboek van Elsa Beskow

Uitgeverij Christofoor, Zeist

Derde druk 1989
Vertaling: Ineke Verschuren Nederlandse rechten Christofoor, Zeist 1982 ISBN 90 6238 188 X Albert Bonniers Förlag AB, Stockholm 1960 Oorspronkelijke titel: Olles Skidfärt Gedrukt door Interdruck, Leipzig

Toen Olle 6 jaar werd, kreeg hij van zijn vader een paar nieuwe ski's. Hij had nog nooit echte ski's gehad, alleen maar een paar die zijn vader van planken voor hem had gemaakt. Je kunt dus wel begrijpen, dat hij nu erg graag zijn nieuwe ski's eens wilde proberen!

Maar de winter liet dit jaar lang op zich wachten. Zo nu en dan viel er wel eens wat sneeuw, maar die dooide steeds snel weer weg.
Olle verlangde erg naar sneeuw en dacht dikwijls: Wordt het dit jaar dan nooit winter?

Maar eindelijk kwam de winter toch. Een paar weken voor Kerstmis begon het met grote vlokken te sneeuwen. Twee dagen en twee nachten lang sneeuwde het door, zodat alles buiten met een dikke vacht werd bedekt. En toen Olle op de derde dag 's morgens wakker werd, was de hemel blauw en glinsterde de sneeuw als miljoenen sterren. O, wat was Olle blij! Van louter pret buitelde hij drie keer door zijn bed. En wat was hij snel aangekleed! Ik geloof zelfs dat zijn trui binnenste buiten zat.

Zo liep hij naar zijn moeder en vroeg: 'Mag ik nu meteen naar het bos?'
'Maar Olle', zei zijn moeder, 'je moet eerst wat eten, anders heb je straks honger als je buiten bent.' En dus at Olle snel zijn pap op. Daarna knoopte moeder zijn dikke jas dicht, trok hem zijn lange wanten aan en stopte in iedere zak een boterham. Ze liet hem beloven niet later dan twaalf uur weer thuis te zijn. Olle bond zelf zijn nieuwe ski's onder, zwaaide naar zijn moeder en zijn broertje en gleed door de tuin naar het bos. Wat was het mooi in het bos! En hoe verder Olle kwam, hoe mooier het werd.

Olle dacht dat hij nu wel in het rijk van Koning Winter was gekomen en daarom riep hij luid: 'Dank u wel, lieve Koning Winter, dat u eindelijk toch nog gekomen bent.'
Toen deed hij echter vol verbazing een stap achteruit, want voor hem stond een oude man, die van top tot teen glinsterde. Olle maakte een buiging voor hem en vroeg: 'Bent u Koning Winter?'
'Nee', zei de man, 'Ik ben Oom Rijp. Vind je niet dat ik het bos vandaag mooi versierd heb?' 'Heb jij alles zo mooi glinsterend gemaakt?' vroeg Olle, 'Och toe, wijs mij eens hoe je dat doet.' 'Dat zal ik je laten zien', zei Oom Rijp en strekte zijn hand uit naar het jasje van Olle. Terwijl hij het aanraakte, blies hij een witte wolk uit zijn mond en toen de wolk verdween, was Olles jasje bezaaid met witte glinsterende kristalletjes. Hartelijk lachend trok hij Olle aan zijn oor en zei: 'Jij bent een flinke jongen, want je begint niet te huilen als de kou een beetje in je wangen bijt. Ik geloof dat je zojuist Koning Winter riep. Wil je met mij meegaan naar zijn slot in het bos?'
'Ja graag!' riep Olle blij, en samen gingen ze het bos in. Oom Rijp liep voorop en Olle volgde.

Maar opeens begon Olle te niezen en hij voelde dat hij koude voeten kreeg. Ook merkte hij dat de rijp op zijn jasje begon te smelten. Op hetzelfde ogenblik zag hij een klein, zonderling vrouwtje door het bos lopen. Zij liep met grote stappen en de overschoenen die zij aanhad deden bij iedere stap: klits-klats, klits-klats. Zij droeg een bezem over haar schouder, ze had een paraplu in haar hand en ze hield een zakdoek voor haar neus. Zij scheen erg verkouden te zijn, want ze kuchte en snoot en niesde voortdurend. Wie kon dat vrouwtje zijn?

Olle opende juist zijn mond om het te vragen, toen Oom Rijp vlug naar het vrouwtje toeliep en boos uitriep: 'Ben je nu al hier? Pak je weg en waag het niet je neus hier te laten zien voordat het lente is!'

Daarna blies hij een grote wolk naar het vrouwtje toe. Het vrouwtje keek erg verschrikt en liep zo hard weg dat ze zelfs haar bezem liet vallen. Olle keek verbaasd toe. 'Hè', zei hij eindelijk, 'wat was je onaardig tegen dat arme oude vrouwtje. 'Zo zo, was ik onaardig', bromde Oom Rijp en hij keek nog erg boos, 'ja, dat kan nu eenmaal niet anders, want dat was Vrouwtje Dooi en zij kan mij verschrikkelijk plagen. Kijk maar eens hoe alles hier al bedorven is.' Hij wees op de bomen om hen heen, waar de rijp en de sneeuw al begonnen te smelten. Daarna blies Oom Rijp geweldige wolken in het rond totdat alles weer mooi wit was. 'Het is maar goed dat zij op haar weg niet nog meer schade heeft aangericht, nu kan ik het nog herstellen. Weet je, Vrouwtje Dooi is eigenlijk de schoonmaakster van de lentefee. Zij moet alles schoonmaken voordat het lente wordt, maar je kunt je niet voorstellen hoe verstrooid dat vrouwtje is! Nooit kan zij onthouden wanneer zij moet komen, altijd komt ze onverwacht midden in de winter en brengt regenachtig weer mee, waardoor ze alles voor ons bederft. Zodra je je maar omdraait is ze er weer. Wat vind je, Olle, zal ik Vrouwtje Dooi terugroepen?' 'Nee, Oom Rijp, doe dat maar niet', zei Olle verschrikt. 'Laat haar alsjeblieft nog niet terugkomen!'

'Uit zichzelf doet ze dat niet, daarvoor is ze teveel van me geschrokken', zei Oom Rijp. 'Maar gebruik je ski's iedere dag, zolang de sneeuw goed is, dat raad ik je aan! Want echt zeker ben je nooit van haar.'

Na een poosje kwamen ze voor een geweldige sneeuwburcht die werd bewaakt door twee ijsberen. Zij kwamen eerst Oom Rijp en Olle besnuffelen voordat ze door de poort mochten gaan. Daarna gingen Oom Rijp en Olle een tuin door, tot ze voor een met ijzer beslagen ijsdeur kwamen.

Daar achter was een grote zaal, waar Koning Winter zat, hoog en statig op zijn troon van ijs, met een walrus aan iedere zijde. Olle voelde zich eerst een beetje verlegen voor Koning Winter, maar bang was hij niet. Oom Rijp bracht Olle tot voor de troon. 'Hier ziet u een jongen, die blij is dat u er bent, en die luid uw naam in het bos heeft geroepen', zei hij.

Koning Winter lachte vergenoegd en zei: 'Je bent een flinke jongen. Kan je ook al skiën?' 'Ja zeker', zei Olle.

'En wat kun je op je sleetje allemaal doen?'

'O, heel hard de heuvel af en ik kan ook een bocht maken', zei Olle.

'En kan je ook schaatsen?'

'Ik heb nog geen schaatsen', zei Olle.

'Wie weet krijg je die nog wel', zei Koning Winter. 'En nu mag je wat rondkijken in mijn slot, want daarvoor ben je hier toch gekomen.' Hij knikte vriendelijk naar Olle. Olle maakte een diepe buiging en ging met Oom Rijp naar de volgende kamer.

Dat was een mooie kamer, met muren en een zoldering van vastgestampte sneeuw. Midden op de vloer brandde een vuur en de rook trok weg door een opening in het dak. Rondom het vuur zaten mannen en vrouwen ijverig te werken. Er waren er die schoenen maakten en anderen breiden kousen. Ze hadden het zo druk, dat ze nauwelijks tijd hadden om op te kijken naar Olle en Oom Rijp, die vlug door de kamer liepen, want Oom Rijp hield niet van vuur.

In de volgende kamer zaten een paar kleine meisjes die wanten met lange boorden breiden en ook borduurden ze er mooie roosjes op. Zij werkten wel hard, maar hadden toch nog tijd om even naar Olle te kijken.

Toen kwamen ze in een kamer, die er uitzag als een timmermanswerkplaats. Hier werden ski's en sleetjes gemaakt en in een hoek werd het ijzer voor de schaatsen gesmeed. Hier werd ook flink gewerkt en Olle, die een hele tijd bleef kijken, wilde wel dat hij zo goed kon timmeren.

'Wat werken jullie hard', zei hij tot een van de jongens.

'Ja, we hebben nu veel te doen, want alles moet voor Kerstmis klaar zijn', antwoordde de jongen. 'Weet je, dan wensen alle kinderen zulke dingen als kerstgeschenk. Maar daarna hebben we tijd om uit te rusten.'

Op het zelfde ogenblik klonk een bel en alle kinderen stroomden naar buiten en trokken Olle mee.

Nu begon de pret. Allemaal wilden ze met Olle spelen en hem hun kunstjes laten zien. Eerst gingen ze op een steile helling skiën en daarna probeerde Olle te schaatsen op een vijver in de tuin. Samen maakten ze een sneeuwpop en een groot sneeuwfort dat daarna bestormd moest worden. Ze hielden ze een sneeuwbalgevecht waarbij de sneeuw hen om de oren stoof.

Tenslotte werden de sleetjes in een lange rij aan elkaar gebonden om van de berg af naar beneden te sleeën. Maar juist toen ze de grootste pret hadden klonk er een fluitje en in een oogwenk waren alle kinderen in het slot verdwenen en stond Olle met roodgloeiende wangen alleen in de sneeuw.

'Heb je het leuk gehad?' vroeg Oom Rijp, die juist kwam aanlopen.
'Zo leuk, dat ik wel altijd hier wil blijven,' zei Olle.
'Dat wil ik wel geloven,' zei Oom Rijp tevreden. Oom Rijp en Olle gingen op ski's staan en voortgetrokken door een rendier gleden zij samen weg.

Aan de rand van het bos nam Oom Rijp afscheid van Olle. Toen Olle thuis kwam was hij zo vol van zijn laatste avontuur, dat hij bijna niet kon eten en steeds maar wilde vertellen over wat hij allemaal had beleefd.

Een paar weken later, op kerstmorgen, hoorde Olle hoe er tegen de ruiten werd getikt, maar toen hij wilde kijken, was de ruit bedekt met de mooiste ijsbloemen die hij ooit gezien had. Olle begreep dat Oom Rijp hem een groet zond; vlug sprong hij naar de voordeur en daar lagen twee pakjes. Eén voor Olle met een paar prachtige schaatsen en één voor zijn broertje met een sleetje!

Koning Winter liet Olle lang genieten van zijn ski's en van zijn schaatsen, want Vrouwtje Dooi was zo bang geworden dat ze zich een hele tijd niet liet zien. Ik weet niet of het ook geholpen heeft dat Olle en zijn broertje elke dag op een heuvel klommen en dan riepen:

> 'Vrouwtje Dooi, blijf daar maar,
> Kom niet terug voor het voorjaar!'

Maar zeker is het dat Vrouwtje Dooi die winter niet terug kwam.

Pas bij het begin van de lente, toen Koning Winter met zijn hofhouding naar de noordpool was vertrokken, kwam Vrouwtje Dooi. Maar toen deed zij flink haar best. Dat gaf heel veel nattigheid en het hielp nu niet of Olle en zijn broertje riepen:

> 'Ga toch heen, Vrouwtje Dooi,
> We vinden juist de sneeuw zo mooi!'

Ze had geen rust zolang ze ergens nog een beetje sneeuw vond. De regen stroomde neer, de verdorde bladeren van vorig jaar dwarrelden in de hoogte omdat ze zo hard bezemde en alle mensen moesten niezen.

Wat was Olle boos op Vrouwtje Dooi!

Maar niet lang daarna, op een mooie zonnige dag, kwam de lentefee in haar lichte wagentje, getrokken door prachtige vlinders. Olle kon Vrouwtje Dooi, gekleed in een splinternieuw kleed, aan de slootkant zien staan om de lentefee te begroeten. En voor de eerste maal was Olle verzoend met Vrouwtje Dooi en dacht dat ze toch zo dom niet was. Als ze maar kon onthouden wanneer het haar tijd was om te komen!